ДЕРЕК ПРИНС

Как слышать
ГОЛОС
БОЖИЙ

2013

HOW TO HEAR GOD'S VOICE
Derek Prince

R057-058 radio massages from series:
"Keys For Successful Christian Living"

Derek Prince Ministries – International
P.O.Box 19501
Charlotte, NC 28219-9501
USA

КАК СЛЫШАТЬ ГОЛОС БОЖИЙ
Дерек Принс

Переведено и издано
Служением Дерека Принса на русском языке
Translation and publication by Derek Prince Ministries
– Russia

Вы можете написать нам по адресу:
Служение Дерека Принса
а/я 72
Санкт-Петербург
191123
Россия

Служение Дерека Принса
а/я 3
Москва
107113
Россия

ISBN: 978-1-78263-068-5

Вы можете обратиться к нам через интернет:
info@derekprince.ru

или посетить нашу страницу:
www.derekprince.ru

DEREK
PRINCE
M I N I S T R I E S
RUSSIAN WORLDWIDE

НЕИЗМЕННОЕ БОЖЬЕ ТРЕБОВАНИЕ

Библия открывает нам, что Бог имел дело с человечеством в разное время по-разному. Богословы называют эти разные периоды *диспенсациями* (для нас более привычно называть их «эпохами» – *прим. ред.*). В истории человечества, записанной в Библии, мы находим несколько разных периодов взаимоотношений Бога с людьми. Сначала Бог поддерживает эти взаимоотношения каким-то определенным образом, но затем Он в чём-то меняет их, что и называют переходом от одной диспенсации к другой. Я упомянул об этом особом богословском термине только по той причине, что хочу указать на определенные факты, касающиеся разных диспенсаций, – показать то, что изменялось. А затем мы рассмотрим то, что всегда оставалось неизменным.

Давайте рассмотрим три главных периода, которые различают в Библии. Первый период – это *эпоха патриархов*. Слово «патриарх» означает отца семейства. Это эпоха Авраама, Исаака, Иакова, а также тех, кто жил еще раньше них: Еноха, Ноя и т.д. В этот период времени Бог имел взаимоотношения в основном с отдельными людьми, с главами семейств, а затем с их семьями. Эти люди строили свои собственные взаимоотношения с Богом.

Затем пришел период, который называют *эпохой закона*, когда Бог строил взаимоотношения с Израилем как с народом. Он поместил израильтян под особый закон, который был дан лишь для них и не применим ни к какому другому народу. В эту эпоху большую часть времени Израиль имел храм и священство. Таким образом, отличительной чертой этого периода был закон, храм и священство.

Затем наступило то, что мы называем *эпохой Евангелия*, временем проповеди Благой Вести всему человечеству независимо от расы и национальности. Это провозглашенное Евангелие требует от каждого человека его личного отклика.

Итак, мы можем обозначить три главных периода: (1) период патриархов, (2) Израиль под законом и (3) эпоха Евангелия, в которую мы живем и сегодня. И, как уже было сказано, Божьи требования во время этих трех эпох немного разные. Однако среди всех этих различий остается неизменное требование – одно, что Бог ожидает всегда. Нам очень важно увидеть это. Верю, что единственным неизменным требованием, которое не менялось никогда, является требование *слышать голос Божий*. Это всегда было присуще для принадлежавших Богу людей, и отличало их от всех других. Эти люди, которые жили в разное время, научились слышать голос Божий.

Давайте рассмотрим в Пятикнижии Моисеевом (это первые пять книг Библии) несколько примеров, каждый из которых показывает уникальную важность слышания голоса Божьего.

Первый пример мы находим в книге Исход. Случилось так, что народ Израиля, странствуя по пустыне, остался без воды, и люди начали испытывать мучительную

жажду. Наконец, они нашли водоем, про-
званный Мерра (в другом прочтении «Ме-
рива» – *примеч. ред.*). Они хотели на-
питься воды, но не могли, потому что в
воде была горечь. Тогда Моисей воззвал
к Богу. И Господь указал ему на стоящее
неподалеку дерево. Когда Моисей бросил
это дерево в водоем, то состав воды из-
менился, и народ смог ее пить. При этом
Господь сказал Моисею, Исход 15:26:

> *И сказал: если ты будешь слушать-
> ся гласа Господа, Бога твоего, и де-
> лать угодное пред очами Его, и вни-
> мать заповедям Его, и соблюдать
> все уставы Его, то не наведу на
> тебя ни одной из болезней, которые
> навел Я на Египет, ибо Я Господь,
> целитель твой.*

Каким является первоначальное требование? – Если ты будешь прилежно
слушать (именно о старательном слушании говорит оригинал) голос Господа,
Бога твоего. Буквальный перевод звучит
так: «*Если ты будешь слушая слышать*».
Другими словами, ты должен слушать Господа обоими ушами: и правым, и левым.
Не нужно слушать Господа одним ухом, а
вторым ухом – другой источник информации. Вот что значит, иметь внимательное,
двойное слушание или *слушая слышать*.

Итак, Бог сказал Израилю: «Если ты
будешь поступать так, то никогда не будешь болеть. Я буду поддерживать твое
здоровье. Я буду твоим Доктором. Я при-
му на Себя ответственность за твое физическое состояние».

В моей жизни было время, когда вра-
чи были бессильны помочь мне. Будучи

новообращенным и долгое время находясь в госпитале, я начал изучать Библию в вопросе, возможно ли получить исцеление от Бога. И я обнаружил, что практически в каждом месте Писания, где Бог говорил об исцелении, делалось ударение на том, что мы с вами уже прочитали: *«Если ты будешь прилежно слушать голос Господа, твоего Бога, тогда Я отведу от тебя все эти болезни»*. Верю, что это так же истинно и сегодня. Те из нас, кто учатся слышать Бога двумя ушами (учатся слушать Бога и подчиняться Ему) могут проводить жизнь без болезней и многих других необязательных проблем и напастей.

Затем, мы читаем о том, как Израиль подошел к подножью горы Синай, а Моисей взошел на нее, и Господь беседовал с ним и дал ему слово к детям Израиля. Исход 19:3-6:

> *Моисей взошел к Богу на гору, и воззвал к нему Господь с горы, говоря: так скажи дому Иаковлеву и возвести сынам Израилевым: вы видели, что Я сделал Египтянам, и как Я носил вас как бы на орлиных крыльях, и принес вас к Себе; итак, если вы будете слушаться гласа Моего и соблюдать завет Мой, то будете Моим уделом из всех народов, ибо Моя вся земля, а вы будете у Меня царством священников и народом святым*

Обратите внимание на четыре этапа работы Бога с Израилем.

Во-первых, Бог говорит, что *Он принес Израиль к Самому Себе*. Первоначальной целью искупления всегда является личный приход к Богу.

Во-вторых, Бог говорит, что *хотел бы, чтобы Израиль повиновался Его голосу.* Это то, благодаря чему мы входим в обеспечение Божье.

В-третьих, Он говорит им о *необходимости хранить Его завет.* Божий завет — это тот способ взаимоотношений Бога с людьми, который был Им Самим установлен и утвержден навсегда.

В-четвертых, Он сказал: *«Тогда вы будете царством священников».* Вы будете особым народом, благословенным более всех других народов и будете отличаться от них.

Вот этот порядок: 1) быть приведенным к Богу, 2) слушаться Его голоса, 3) хранить Его завет и, таким образом, 4) стать царством священников.

Теперь давайте перейдем к Второзаконию и прочитаем несколько стихов из 28-й главы этой последней книги Пятикнижия. Здесь записаны слова, которые Моисей сказал Израилю прямо перед тем, как они вошли в свое наследие, в землю Ханаанскую. Это было своего рода обобщением всех Божьих требований. И опять-таки, самое большое ударение здесь делается на одном — на *слышании Божьего голоса.*

Вся эта глава говорит о благословениях и проклятиях — двух противоположных участях, которые ждут Израиль. Но в обоих случаях всё зависит от того, послушны или не послушны израильтяне голосу Божьему. Второзаконие 28:1-2:

Если ты, когда перейдете за Иор-

дан, будешь слушать гласа Господа Бога твоего, тщательно исполнять все заповеди Его, которые заповедую тебе сегодня, то Господь Бог твой поставит тебя выше всех народов земли; и придут на тебя все благословения сии и исполнятся на тебе, если будешь слушать гласа Господа, Бога твоего.

Обратите внимание, что это обращение к Израилю начинается и заканчивается словами о внимательном слушании голоса Господа. И результатом тщательного слушания голоса Господа будет то, что *«все благословения придут на тебя и настигнут тебя»* (дословный перевод).

Теперь давайте посмотрим на противоположность этого, в этой же самой главе, но немного далее. Второзаконие 28:15:

Если же не будешь слушать гласа Господа Бога твоего и не будешь стараться исполнять все заповеди Его и постановления Его, которые я заповедую тебе сегодня, то придут на тебя все проклятия сии и постигнут тебя.

Не правда ли, сказано предельно ясно? Было бы глупо не обратить внимания на эти слова. Если мы внимательно слушаем голос Господа, то на нас приходят все благословения. Но если мы не слушаемся голоса Господа — нас постигнут все перечисленные проклятья. Как видите, это является постоянным требованием Бога к Своему народу во все века и диспенсации, во все времена и эпохи.

По своей сути, это требование очень

простое: «*Если вы хотите быть Моим народом, если вы хотите наслаждаться Моим благословением, в таком случае внимательно слушайте Мой голос. Слушайте Мой голос в два уха... Но если вы не слушаете, если вы не хотите слушать Меня, то такое ваше поведение не будет в благословение, но в проклятие для вас. В частности, это касается и вашего физического здоровья. Если вы будете внимательно слушать голос Господа, Бога вашего, то Я, Господь, буду Тем, Кто исцеляет вас*».

Ключом не только к исцелению, но и ко всем остальным благословениям и всему обеспечению Божьему является следующее: внимательное послушание голосу Господа.

ОТЛИЧИТЕЛЬНЫЙ ПРИЗНАК ОВЕЦ ХРИСТОВЫХ

Итак, мы с вами говорили о том, что Бог имел разные взаимоотношения с человечеством в разные периоды истории. Для определения этих эпох было введено особое богословское понятие – диспенсации.

Мы упомянули об эпохе патриархов, когда Бог строил взаимоотношения с людьми и главами семейств индивидуально. Затем был период, когда Бог поместил народ Израиля под закон и поддерживал взаимоотношения с ними через закон, в то время они имели храм и священство. И, наконец, наступила эпоха, в которой мы с вами живем, время Евангелия, провозглашения Благой Вести Божьей всему человечеству, что требует личного отклика от каждого слышащего ее.

Но при этом, как было отмечено, во все эти разные периоды, оставалось одно неизменное требование: *послушание голосу Божьему.*

В связи с этим мы рассмотрели несколько важных отрывков из Ветхого Завета, которые стоит прочесть опять, поскольку взятые вместе они имеют ключевое значение. Исход 15:26:

И сказал: если ты будешь слушаться гласа Господа, Бога твоего, и делать угодное пред очами Его, и внимать заповедям Его, и соблюдать все уставы Его, то не наведу на тебя ни одной из болезней, которые навел Я на Египет, ибо Я Господь, целитель твой.

Ваше непрерывное и внимательное слушание голоса Господа Бога является гарантией постоянного здоровья. Господь становится вашим личным Врачом.

Затем мы обратили внимание на слова, сказанные Израилю Господом с горы Синай, когда Он привел их туда для того, чтобы заключить с ними завет. Исход 19:5-6:

Итак, если вы будете слушаться гласа Моего и соблюдать завет Мой, то будете Моим уделом из всех народов, ибо Моя вся земля, а вы будете у Меня царством священников и народом святым; вот слова, которые ты скажешь сынам Израилевым.

Бог хочет заключить с Израилем завет, который введет их в особые взаимоотношения с Ним, сделает их особым родом людей, царством священников, святым народом. Но условие для этого следующее: *«если вы будете слушаться гласа Моего...».*

Затем, прямо перед тем как Израиль вошел в Землю Обетованную, Моисей напомнил им Божьи требования и все те последствия, которые повлечет за собой соблюдение Божьих требований и несоблюдение их. Второзаконие 28:1-2:

Если ты, когда перейдете за Иордан, будешь слушать гласа Господа Бога твоего, тщательно исполнять все заповеди Его, которые заповедую тебе сегодня, то Господь Бог твой поставит тебя выше всех народов земли; и придут на тебя все благо-

*словения сии и исполнятся на тебе,
если будешь слушать гласа Господа,
Бога твоего.*

Обратите внимание, что эти слова начинаются и заканчиваются условием послушания голосу Господа, и результат послушания такой: *все благословения сии придут на тебя и исполнятся на тебе.*

Но затем сказано о том, что будет, если израильтяне не будут соблюдать это условие. Второзаконие 28:15:

Если же не будешь слушать гласа Господа Бога твоего и не будешь стараться исполнять все заповеди Его и постановления Его, которые я заповедую тебе сегодня, то придут на тебя все проклятия сии и постигнут тебя.

Итак, непослушание голосу Господа навлекает на нас все перечисленные проклятья. Таким образом, здесь проходит граница, водораздел между благословением и проклятием. Все благословения для тех, кто внимательно слушает голос Господа. И в то же время — все проклятия для тех, кто не слушает голоса Господа.

Затем, Бог через пророков напоминает Израилю об этом первоначальном требовании, которое Он возложил на них еще при Моисее. Всё это было кратко, сжато и наглядно выражено в Книге пророка Иеремии, где Бог упрекает Израиль за то, что они не понимают Его требований и не слушают Его. Иеремия 7:22-23:

Ибо отцам вашим Я не говорил и не давал им заповеди в тот день, в который Я вывел их из земли Еги-

петской, о всесожжении и жертве; но такую заповедь дал им: «слушайтесь гласа Моего, и Я буду вашим Богом, а вы будете Моим народом, и ходите по всякому пути, который Я заповедаю вам, чтобы вам было хорошо».

На мой взгляд, всё выражено настолько просто и ясно, насколько это возможно: *«Слушайтесь Моего голоса, и Я буду вашим Богом, а вы будете Моим народом».* Это неизменное требование Божье из века в век, от одной эпохи к другой. Многое могло поменяться, но это требование всегда оставалось неизменным. *«Слушайтесь Моего голоса, и Я буду вашим Богом».*

Но, увы, Израиль не делал того, что требовал Бог. И пророк продолжает в следующем стихе, Иеремия 7:24:

Но они не послушали и не приклонили уха своего, и жили по внушению и упорству злого сердца своего, и стали ко Мне спиною, а не лицом.

Что было самой большой проблемой Израиля? Мы можем указать на многие внешние плоды этой проблемы в дальнейшей истории Израиля, однако корень проблемы показан здесь: *они не слушались и не приклоняли свое ухо.* Обратите внимание: всё было связано со слухом. Они просто не слушали. Они не приклонили свое ухо. Они не слышали голоса Господа, Бога своего. Они не принимали того, что Бог имел для них, и совершенно упустили Божью цель и Его план.

Вы помните, Бог сказал в Исходе 19:5-6, что если они будут слушаться голоса Господа, тогда они будут особой драгоценностью, царством священников, народом святым. Для этого есть одно основное требование: слушать голос Господа Бога и подчиняться ему.

Мне бы хотелось подчеркнуть так сильно, насколько это только возможно: *если вы действительно хотите принадлежать Господу, ходить Его путями, наслаждаться Его благословениями, то вот что Он говорит вам (точно так же, как Он говорил Израилю): «Слушайся Моего голоса, и Я буду твоим Богом, а ты будешь Моим народом».*

Теперь перейдем к учению Иисуса в Новом Завете. И мне бы хотелось, чтобы вы увидели, что это жизненно важное, ключевое значение слышания голоса Господа совсем не изменилось. Многое изменилось, но это основное требование остается неизменным. Давайте заглянем в десятую главу Евангелия от Иоанна, где Иисус представляет Себя Своему народу как Доброго Пастыря. Вот что Он говорит о взаимоотношениях, которые существуют между пастухом и его овцами, т.е. между Господом и теми, кто является Его народом. Иоанна 10:3-5:

> *Ему* (пастуху) *придверник отворяет, и овцы слушаются голоса его, и он зовет своих овец по имени и выводит их. И когда выведет своих овец, идет перед ними; а овцы за ним идут, потому что знают голос его.*

Какое основание наших взаимоотношений с Господом Иисусом? Мы следуем за Ним. Почему? Потому что мы знаем Его голос.

За чужим же не идут, но бегут от него, потому что не знают чужого голоса.

Всё вращается вокруг слышания и знания голоса Господа. Его овцы, Его народ распознает голос Господа, и они следуют за Ним. Они не следуют за обманщиками, не следуют за лжепророками и лжеучителями, потому что это не голос Господа. Божий народ знает голос Господа, он не будет обманут лжеучителями.

Итак, речь шла об израильтянах, слышащих голос Божий и веровавших Ему. Немного далее Иисус говорит уже о тех, кто будет верить в Него из других народов. Иоанна 10:16:

Есть у Меня и другие овцы, которые не сего двора (т.е. те, которые не являются евреями) *и тех надлежит Мне привести: и они услышат голос Мой, и будет одно стадо и один Пастырь.*

Опять-таки, что соберет вокруг Иисуса верующих из всех народов? Как они смогут собраться к Нему? *«Они услышат голос Мой»*. Вот признак тех, кто действительно приходит к Иисусу. В связи с этим звучат интересные слова: *они станут одним стадом с одним Пастухом*. Какой путь к единству христиан? Я не верю в организацию и организационное единство. Не верю, что единство приходит в первую очередь через доктринальные или богословские дебаты. Я верю, что единство приходит по мере того, как мы учимся слышать голос Господа. Иисус говорит: *«они услышат голос Мой. И они станут одним стадом с одним Пастухом».* Итак, как они станут одним стадом? – Благодаря слышанию голоса Господа.

И затем, в Иоанна 10:27, подводя итог, Иисус говорит:

Овцы Мои слушаются голоса Моего, и Я знаю их; и они идут за Мною.

Есть три качества, которые отличают последователей Господа, Его учеников, Его народ: 1) они *слышат* Его голос; 2) Он знает их, а они, соответственно, *знают* Его (*распознают* Его голос, *принимают* Его голос); 3) они *следуют* за Ним. Итак, это не вопрос названия вашей конфессии. Иисус не католик, не протестант, не баптист, не методист, не пресвитерианин, и не пятидесятник. Он не говорит: «Мой народ придет ко Мне из такой-то деноминации или конфессии». Но вот суть того, что Он говорит: «*Отличительная черта Моего народа, которая выделяет их из среды всех других людей, которая делает их другими и делает их Моими, – это то, что они слышат Мой голос. Я знаю их, и они следуют за Мной».*

Как вы знаете на Востоке в Библейские времена пастух не гнал овец перед собой, они следовали за ним на звук его голоса. Как правило, овцы следовали за ним не потому, что смотрели на него и куда он идет. Они следовали за ним на слух, и всегда шли в том направлении, откуда слышали голос своего пастыря.

Таким образом, если применять эту аналогию (а это, несомненно, Библейская аналогия), то нам дано полное право утверждать, что невозможно следовать за

Господом до тех пор, пока не слышишь Его голоса. Чтобы мы могли следовать за Ним, мы должны знать Его голос.

Позвольте с любовью заметить, что Иисус не сказал: «Мои овцы читают Библию». Крайне важно читать Библию, но этого недостаточно, потому что многие люди читают Библию, но не слышат голоса Господа. Не чтение Библии делает нас способными следовать за Ним, но слышание Его голоса. *«Мои овцы слышат голос Мой, и Я знаю их, и они следуют за Мной».*

ТРИ ОТЛИЧИТЕЛЬНЫХ ПРИЗНАКА

Итак, мы говорили, что есть основное требование, которое кратко выражено в Книге пророка Иеремии 7:23, где Бог через пророка обращается к Своему народу, Израилю:

Слушайтесь гласа Моего, и Я буду вашим Богом, а вы будете Моим народом...

Я верю именно в то, что здесь сказано. Это Божье требование к Его народу во все века и эпохи, к какой бы расе, культуре и деноминации люди не принадлежали. Многое может измениться, но это всегда остается неизменным. Таким образом, Господь говорит: *«Если вы хотите, чтобы Я был вашим Богом, то слушайтесь Моего голоса. Слушайтесь голоса Моего, и Я буду вашим Богом, а вы будете Моим народом».*

Многие христиане не осознают, что основное требование Нового Завета то же самое. Оно не изменилось. В Евангелии от Иоанна 10:27 Иисус говорит:

Овцы Мои слушаются голоса Моего, и Я знаю их; и они идут за Мною...

Какие признаки истинных последователей Иисуса? Это не название деноминации. Это не какая-то особая форма Богослужения. Это не верность каким-то особым доктринам. Но это *слышание Его голоса.* «Овцы Мои (те люди, которые принадлежат Мне), 1) *слышат Мой голос, и* 2) *Я знаю их, и* 3) *они следуют за Мной»*. Все три идут вместе. Всё начинается со слышания голоса Иисуса — с того, что мы слышим Его голос. И когда мы слушаем Его, Он обращает внимание на нас и признает нас, Он знает нас и признает нас Своими. И после этого мы следуем за Ним.

Мы говорили с вами о том, что согласно Библейскому образцу пастух не гнал овец, но овцы сами следовали за ним, внимая его голосу. Если овцы не слышали голос пастуха, они не могли следовать за ним. Верю, что это истинно и в наших взаимоотношениях с Иисусом. *Если мы не слышим Его голоса, мы не можем следовать за Ним.* Мы должны слышать Его голос, прежде чем сможем следовать за Ним. Это то, что делает нас Его овцами. Его овцы слышат Его голос, Он знает их, и они следуют за Ним.

Теперь давайте рассмотрим *три отличительные черты слышания Божьего голоса.* Это три качества, которые отличаются от того, что традиционно принимаются как типичное религиозное поведение и деятельность. Это учение во многом можно назвать революционным. Оно выглядит простым, но когда вы действительно примете его к сердцу и начнете воплощать в жизнь, то обнаружите, что оно изменяет очень многое в самых разных сферах вашей жизни. Оно изменит ваши стандарты и ценности. Скорее всего, это изменит направление всей вашей жизни.

Итак, вот эти три отличительных признака слышания Божьего голоса: 1) слышание голоса Божьего является *личным переживанием*; 2) слышание голоса Божьего является не физическим, а *духовным переживанием*; 3) слышание голоса Божьего всегда находится *в настоящем времени*. Оно не в прошлом, и не в будущем. Оно всегда связано с настоящим. Просто запомните эти три факта: слышание Божьего голоса всегда личное, оно не физическое, и оно в настоящем времени.

Теперь давайте немного поразмышляем, о чём это говорит нам. Итак, прежде всего слышание голоса Божьего — это что-то очень личное. Каждый голос принадлежит какой-то личности, является индивидуальным и уникальным. Нет двух одинаковых голосов. Ничто не является таким характерным для человека, как его голос. Вот почему Иисус сказал о Своих овцах, что они за чужим не пойдут, потому что у него и голос другой. Как видите, наша защита от обольщения и лжи, наша безопасность — в слышании голоса Господа, в способности отличать его от чужих, в личной связи с Ним. Нам необходимо не просто знать Его как историческую личность, не просто принадлежать к какому-то религиозному движению и деноминации, но знать Самого Господа, знать Его голос. Мы не можем знать Его, иметь связь с Ним, не слыша Его голос. Очень важно понять, что мы имеем связь с Ним благодаря слышанию Его голоса.

Однажды я узнал очень интересную информацию, что был разработан такой способ защиты, при котором дверь банковского сейфа открывается только на определенный голос (президента или управляющего банка), и ничей другой голос не может открыть эту дверь. Это говорит о том, насколько абсолютно уникальным является голос каждого из нас. Есть только один голос, который может открыть дверь банка, и ее не откроет никакой другой голос.

Это очень наглядный прообраз, потому что я верю, что именно таким должно быть сердце верующего. Наше сердце должно быть подобно сейфу, в котором лежит самое ценное и хранимое нами. И этот сейф должен открываться только для одного голоса – для голоса Самого Господа. Мы попадаем в ужасные проблемы, когда открываем дверь нашего сердца для неправильной личности. Множество проблем современного мира вызвано тем, что люди открыли свои сердца не тому, кому надо.

Если вы осознали это, то примите добрый совет: начните с этого момента относиться к своему сердцу, как к сейфу с закодированной дверью, которую может открыть только один голос – голос Господа. И знайте, что когда вы открываетесь для Господа, Он никогда не причинит вам зла, Он никогда не обманет вас, Он никогда не разочарует вас. Многие из вас знают из опыта, что когда вы открывали дверь другому, когда вы откликались на чужой голос, то результатом этого было множество проблем и духовных травм.

Давид говорит в Псалме 22:1:

Господь – Пастырь мой; [поэтому] *я ни в чём не буду нуждаться.*

Давид уверен, что на основании этих личных взаимоотношений с Господом, как своим Пастырем, всякая его нужда будет восполнена. Иисус говорит: *«Овцы Мои слышат голос Мой»*. Как Господь может быть нашим Пастырем? Только если мы слышим Его голос. И когда мы слышим Его голос, тогда Он является нашим Пастырем, Он ведет нас, и все наши нужды восполняются. Не прекрасно ли это? Поэтому развивайте слышание голоса Господа.

Вторая особенность слышания голоса Господа состоит в том, что он не физический, а *духовный*. Что значит «духовный»? Это значит, что он неосязаемый, его нельзя «захватить» и «пощупать». Вы не сможете зафиксировать его и исследовать своими органами чувств. Голос можно только услышать. Большинство наших религиозных ассоциаций связано с чем-то видимым и осязаемым: со зданиями определенной архитектуры, скамьями, кафедрами, «духовным полумраком», «духовной музыкой», витражами на окнах, органами, облачениями священников. В некоторых церквах служители носят определенного рода одеяния. В большинстве церквей люди, идя на служение, одеваются немного по-другому, чем одеваются обычно. Когда я в молодости регулярно посещал церковь, то был среди людей одетых во всё черное. Они шли в «святой день» на «святое служение» со «святыми книгами» в руках – молитвенниками, сборниками духовных гимнов, какими-то «духовными книгами» в твердых переплетах. Существует определенный набор «духовных» вещей, которые можно увидеть и потрогать. Всё это связано со временем и пространством. «Духовность» ассоциируется у людей с особым местом и физическими предметами.

Однако слышание голоса Божьего не имеет таких атрибутов. Оно не ограничено определенной территорией и помещением, не облачено в особую одежду и обстановку. Оно выходит за пределы этого. Постоянный поиск слышания голоса Божьего − это занятие, в определенном смысле, непростое и почти опасное. Вы не можете сделать ничего, чтобы привязать его к чему-то. Все эти видимые атрибуты, все старые «духовные костыли» (как называл их Лютер) были отброшены в сторону, и вы призваны иметь глубоко личные взаимоотношения с Господом − взаимоотношения невидимые и духовные.

Третья особенность, заключается в том, что слышание Божьего голоса всегда в настоящем времени. Слышание Божьего голоса не в будущем и не в прошлом − это всегда сейчас. Только *сейчас* мы можем слышать голос Божий. Это не книга, которую мы можем взять и почитать, потом поставить на полку и сказать: «Дочитаю завтра». Голос звучит только и прямо сейчас, или, как говорит Библия, *«ныне»*. У голоса нет прошлого, у него нет будущего. Он «заключает» нас в настоящем.

Что отличает религиозных людей, так это то, что большая часть их мышления всегда занята или прошлым, или будущим. Христианские беседы о том, что происходило во дни Моисея, во дни Иисуса и во дни Петра − всё о прошлом. Или их постоянные рассуждения о том, что будет, когда мы пойдем на небо, как прекрасно там будет. Я со многим согласен, однако мы не живем в прошлом, и не живем в будущем – мы живем в настоящем. Но огромное множество религиозных людей с трудом живут сегодняшним днем, потому что для них всё или в прошлом, или в будущем. Но когда вы осознаете, что вы имеете связь с Богом благодаря слышанию Его голоса, тогда это делает вас более сильными в сегодняшних взаимоотношениях, в сегодняшней жизни.

Интересно, что когда Господь явился Моисею в пустыне и послал его освободить народ из Египта, у Моисея возник очень практический вопрос. Это записано в Книге Исход 3:13-14:

> *И сказал Моисей Богу: вот, я приду к сынам Израилевым и скажу им: Бог отцов ваших послал меня к вам. А они скажут мне: как Ему имя? Что сказать мне им? Бог сказал Моисею: Я есмь Сущий. И сказал: так скажи сынам Израилевым: Сущий Иегова послал меня к вам.*

«*Я – ЕСМЬ. Я Тот, Кто существует сейчас*». Это не прошлое, это не будущее. Божье имя – «*Сущий*». Бог живет сейчас. Наши взаимоотношения с Богом должны быть *сейчас*, и когда мы учимся слышать голос Божий, мы имеем эти свежие личные взаимоотношения с Господом.

СЛЫШАНИЕ ГОЛОСА БОЖЬЕГО ПРОИЗВОДИТ ВЕРУ

Мы говорили о трех характерных особенностях слышания Божьего голоса, которые по большой части отличаются от религиозного поведения и деятельности, традиционно принятых в качестве нормальных. Вот эти три особенности, о которых было упомянуто:

Во-первых, слышание Божьего голоса является личным переживанием. Оно включает в себя прямые, глубоко личные взаимоотношения с Богом один на один.

Во-вторых, слышание Божьего голоса – это неуловимое духовное переживание. Мы не можем замкнуть его в здании. Мы не сможем прикрепить его к каким-то традиционным вещам и к тому, что обычно имеет место в нашей религиозной жизни. Это то, чего мы не можем увидеть, что мы не можем пощупать. Мы можем соприкоснуться с этим только через слышание. И слышание Божьего голоса никак не прикреплено к какому-либо определенному месту и времени.

В-третьих, слышание Божьего голоса всегда в настоящем времени. Это всегда *«ныне»*, сейчас. Голос не имеет прошлого, у голоса нет будущего. Поэтому, когда мы соединяемся с Богом через слышание Его голоса, мы соприкасаемся с Ним в Его «вечном настоящем». Бог открыл Моисею Свое имя, которое тот должен был объявить Израилю: «Я есмь (Сущий). Я есть

Тот, Кто есть». Это всегда именно так. Бог всегда ЕСМЬ. Хотя при этом, Бог охватывает и прошлое, и будущее, но прежде всего Он есть и открывается в Его вечном настоящем. Мы знаем Его в великом «Я – ЕСМЬ». И это именно так в слышании Его голоса. Этот голос всегда звучит в настоящем времени.

Теперь мы поговорим об одном особом результате слышания Божьего голоса, имеющем неоценимое значение – нам невозможно выразить всю его ценность. И этим результатом является *вера. Слышание голоса Божьего производит веру.*

Многие люди хотят иметь веру, борются за обретение веры, ходят и ездят повсюду в поисках веры. Но они не обретут ее, потому что не открыли для себя секрета веры. Вера приходит благодаря слышанию голоса Божьего. Об этом утверждает Послание к Римлянам 10:17:

> *Итак вера от слышания, а слышание от слова Божия.*

Или, как сказано в другом переводе: «*...от слышания слов Христа*». Итак, вот откуда приходит вера – от *слышания слова.* Держа в руках свой перевод Нового Завета, мы должны понимать, что в его греческом оригинале есть два понятия: 1) «*слово*» как «*логос*» и 2) «*слово*» как «*рема*». Хотя оба эти слова переведены на наш язык одним словом, но их смысл отличается. И если вы не увидите разницу между ними, то вы не поймете того, что я хочу сказать.

Давайте сначала посмотрим на слово «*логос*». Оно выражает одно из великих

понятий греческого языка. Позвольте заметить, что у меня была привилегия изучать греческий язык с десятилетнего
возраста, и имею право преподавать его
на университетском уровне. Я упомянул
об этом лишь для того, чтобы вы знали,
что имею некоторое представление о том,
что говорю. Итак, *«логос»* – это одно из
величайших понятий греческого языка.
Оно имеет много разных значений. Оно
обозначает: *«разум»*, *«совет»*, *«планиро-
вание»*. Значение этого слова очень об-
ширно. В Библии «логос» подразумевает
«разум Божий», *«совет Божий»*, *«Божьи
конечные замыслы»*. Послушайте, что говорит Давид в Псалме 118:89:

*На веки, Господи, слово Твое ут-
верждено на небесах.*

Другой перевод говорит:

*Твое слово, о Господь, вечное. Оно
стоит твердо на небесах.*

Это Божий *«логос»*, Его предвечный
совет. Это слово не изменяется. Оно находится вне времени. Оно на небесах. Это
слово утверждено навеки. От начала и
до конца оно находится там – всё время,
всегда. Это весь Божий разум, совет и Его
замыслы. И этот *«логос»*, этот совет Божий выразился в личности. В Евангелии
от Иоанна 1:1-2 сказано следующее:

*В начале было Слово («логос»), и
Слово было у Бога, и Слово было
Бог. Оно было в начале у Бога.*

Таким образом, Иисус является вы-
ражением *«логоса»*. Он является предвеч-
ным полным советом, замыслом и разумом

Божьим. Вы помните слова Иисуса в Иоанна 14:9: *«Видевший Меня видел Отца»*. Другими словами: «Отец послал Меня, и Я представляю Собой всё, Кем является Отец: все дела Отца, всю волю Отца, весь замысел, весь Его план − всё это Я представляю Собой». Это *«логос»* и он утвержден навечно на небесах. Он не может быть изменен, − он вечен.

Слово *«рема»* имеет другое значение, хотя, конечно, его значение порой пересекается со значением слова *«логос»*. Но слово *«рема»* в большей степени означает *высказанное слово*. Слово не может быть *«рема»* до тех пор, пока оно не высказано. Божье Слово *«логос»*, Божий совет утвержден на небесах навеки. Не имеет значения, высказано оно или нет, оно находится там, оно вечно. Но *«рема»* − это *только то слово, которое было сказано*. Послушайте, что говорит Иисус в Евангелии от Матфея 4:4:

> *Он же сказал ему в ответ: написано: не хлебом одним будет жить человек, но всяким словом* («рема»), *исходящим из уст Божиих.*

Всяким *«рема»*, исходящим из уст Божьих, всяким произнесенным словом. Таким образом, есть полный совет Божий: вечный, неизменный, совершенный, который находится на небесах. Но мы не знаем всего совета Божьего, мы не сможем охватить нашим ограниченным разумом весь совет Божий. Поэтому Бог отмеряет его нам в *«рема»* − в слове, произнесенном нам, которое становится нашим личным откровением, которое мы принимаем лично. Итак, человек живет *каждым словом, исходящим из уст Божьих*. Весь совет Божий передается нам по частям, насколько мы способны принять. Это *«рема»* за *«рема»*, одно слово за другим. Таким образом, Иисус говорит, что Бог имеет для нас *«рема»* на каждый день: *«Не хлебом одним будет жить человек, но каждым произнесенным словом Божьим − «рема», исходящим из уст Божьих, − это будет его порцией на каждый день»*.

Следовательно, между *«логос»* и *«рема»* есть разница. *«Логос»* вечен и неизменен, и находится на небесах. *«Рема»* сходит с небес для меня лично − это слово, которое я слышу, которое было произнесено. Итак, мы видим, что в Римлянам 10:17 говорится о *«рема»*, ожившем для вас Слове Божьем. Вера приходит от слышания *«рема»* Божьего, от слышания слов Христа. Если слово не было произнесено, то мы не сможем слышать его. Мы не можем слышать *«логос»* (оно вечно, это весь совет Божий на небесах), но мы слышим *«рема»*, которое приносит небольшую часть всего Божьего совета. Ту часть, в которой лично мы нуждаемся в данный момент. И от этого приходит вера.

Надеюсь, никого не обижу, но Библия не говорит, что вера приходит от ее чтения. Хотя многие люди так думают, но вера не является результатом чтения Библии. Почему? Давайте будем честными, когда вы читаете Библию, очень часто вы не слышите ничего. Всё, что у вас есть, − это черные буквы на белой бумаге перед вашими глазами. Вы можете читать Библию часами, и веры у вас не прибавится нисколько. Но в другой раз вы открываете Библию, и вдруг слова просто выпрыгивают с ее страниц, и вы говорите: «Это оно! Вот что Бог говорит мне прямо сейчас». Не смогу даже приблизительно посчитать, сколько раз это случалось в моей жизни. Бывало, что я просто случайно открывал свою Библию, и Дух Святой обращал мое внимание на какой-то стих и говорил: «Вот то, что тебе нужно. Это Мое *рема* для тебя!» И когда вы слышите *рема*, это намного больше, чем чтение Библии. Это личное слово Божье. Это Божий голос, говорящий вам. И от слышания произнесенного слова Божьего приходит вера. Как видите, всё вращается вокруг слышания голоса Божьего. *«Слушай голос Мой, и Я буду твоим Богом». «Если будешь внимательно слушать голос Господа, тогда ни одна из этих болезней не придет на тебя».*

Мне хотелось бы поделиться с вами тем, чему я сам научился и что сам пережил. Если вы уловите то, как приходит вера, то получите этот неоценимый дар.

Уже после того, как я по-настоящему обратился к Богу и стал настоящим христианином, я оказался в госпитале и пролежал там целый год, потому что доктора были бессильны мне помочь. Оказавшись в такой ситуации, я осознавал, что могу надеяться только на Бога. Снова и снова я говорил себе: «О, если бы у меня была вера, то Бог исцелил бы меня». Но после этого всегда добавлял: «Но у меня ее нет…». И однажды Послание к Римлянам 10:17 проговорило ко мне: *«Вера приходит от слышания».* И я ухватился за это:

оказывается, вера может прийти! Даже если не имеешь ее – ты можешь ее получить. И после этого я обратил внимание на вторую часть стиха и начал размышлять, молиться, искать Бога. Понемногу Он начал открывать это для меня. И когда Он открыл мне, каким образом приходит вера, я получил веру для своего исцеления. Я благодарю Богу за врачей и медицину, но в той ситуации они были бессильны. Исцеление могло прийти ко мне только от Бога. И оно пришло, когда я услышал *«рема»*, сказанное слово Божье. И это слово дает веру.

Итак, существует процесс получения веры. Он состоит из трех фаз: 1) Божье слово (Божье *«рема»*); 2) наш отклик на него – слышание – вы открыты к слову Божьему; 3) от слышания приходит вера.

Здесь есть элемент ожидания. Слышание обычно требует времени. Как правило, не приходит мгновенный ответ с небес, как только вы начали слушать. Мы должны правильно настроить себя для того, чтобы что-то услышать. Мы должны иметь правильное отношение к этому. Мы можем сидеть и читать Библию или слушать проповеди, и вот внутрь нас как-будто проникают слова. После этого мы приходим в особый внутренний покой. Наш разум отдыхает. Наши загруженные мыслительные процессы приостанавливаются. Мы слушаем. И из этого слушания приходит вера.

Позвольте дать вам такой совет: *развивайте свою способность слушать*. Будьте открыты к тому, что лично вам говорит Бог. Если говорит Он, то это всегда будет соответствовать Писанию. Это никогда не будет противоречить Писанию. И это будет ожившим Писанием, которое стало личным для вас благодаря Святому Духу. Именно так приходит вера — через слышание голоса Божьего.

ОСОБЫЙ ОБРАЗ ЖИЗНИ, КАК РЕЗУЛЬТАТ СЛЫШАНИЯ ГОЛОСА БОЖЬЕГО

Итак, в предыдущей части мы говорили об особом результате слышания Божьего голоса. Этот результат невозможно умалить. Он уже сам по себе свидетельствует о бесценности слышания Божьего голоса. Этим результатом является *вера*. Слышание голоса Божьего производит веру. Если у вас нет веры, вы можете ее получить, слушая *«рема»*, посылаемое Богом в нашу жизнь.

В этой части мы поговорим о том особом образе жизни, который также является результатом слышания голоса Божьего. Люди, которые учатся слышать Божий голос, обретают образ жизни, выделяющий их среди других людей. Когда люди учатся слушать Бога, то они просто не могут оставаться такими, как все остальные. Давайте обратимся к месту Писания, которое мы уже читали ранее. Итак, находясь в пустыне, Иисус отвечает на искушение сатаны, который предложил Ему обратить камни в хлеб. Матфея 4:4:

> Он же сказал ему в ответ: написано: *«не хлебом одним будет жить человек, но всяким словом, исходящим из уст Божиих».*

Всяким *«рема»*, исходящим из уст Божьих. Причастие «исходящим» в оригинале является глаголом в настоящем продолжительном времени — в данный момент произносимым словом, которое исходит из уст Божьих. Вы помните о том, что слышание Божьего голоса говорит о прямых, личных взаимоотношениях с Богом. *Мы находимся на прямой связи с Богом прямо здесь и прямо сейчас.* Это не прошлое, не будущее — это здесь и сейчас, в настоящем. Это именно сейчас произносимое слово Божье для данного момента, для данного времени, для данной ситуации. Это то, чем мы живем и живы будем.

Иисус сравнил «*рема*» с хлебом. Он сказал: «*Не хлебом одним жив будет человек, но каждым словом, исходящим из уст Божьих*». Что следует из этого сравнения слова с хлебом? *Как хлеб питает наше физическое тело, так и это исходящее личное слово Божье питает нашего внутреннего человека, наш дух.* Оно вскармливает наш дух. Мы нуждаемся как в том, так и в другом. Для того чтобы наше тело жило, мы нуждаемся в хлебе. Для того чтобы наш дух жил и был здоровым, мы нуждаемся в духовном хлебе, исходящем слове — личном слове, озвученным для нас голосом Божьим. И это приходит только через Святой Дух.

Когда вы держите перед собой Библию, то всё, что вы на самом деле имеете, это черные буквы на белых листах. Вы не можете слышать это. Никто не может слышать черные буквы на белой бумаге, — это невозможно. Как это становится голосом? Как это становится произносимым словом, которые вы можете услышать? Есть только одна сила во Вселенной, которая может обратить эти буквы в голос Божий, и это сила Духа Святого.

Как видите, мы полностью зависим от

Святого Духа. Именно Дух Святой приносит в каждую нашу ситуацию *«рема»*, слово от Бога, в котором мы нуждаемся, – слово, которое оживляет нас, дает нам жизнь, и делает написанные буквы живым голосом. Таким образом, через слышание слова Божьего мы имеем связь с Богом, благодаря Святому Духу. Это Бог, Дух Святой, направляет нас и управляет нами каждый день через *«рема»*, которое Он дает нам.

Посмотрим, что сказал Павел в Послании к Римлянам 8:14:

Ибо все, водимые Духом Божиим, суть сыны Божии.

Итак, что делает нас сынами Божьими? Водительство Духа Божьего. Есть много разных способов, как Дух Святой работает в нашей жизни. Но я бы хотел выделить два.

Прежде всего, мы рождены от Духа Святого, и это делает каждого из нас новорожденным ребенком и духовным младенцем. Апостол Петр пишет нам в 1-ом Петра 2:2: *«Как новорожденные младенцы возлюбите чистое молоко Слова»*. Однако рождение свыше не делает нас зрелыми сынами Божьими. Как мы сможем стать зрелыми, взрослыми сынами Божьими? Только через водительство Святого Духа. И всякий водимый Духом Божьим, является сыном Божьим – здесь речь идет не о младенце и не о ребенке, но о зрелом сыне. Но обратите внимание, что здесь сказано о продолжительном, постоянном водительстве, *обо всех, кто сейчас и постоянно водим Духом Божьим*. Это не что-то, что произошло когда-то один раз… Даже не то, что происходит раз в неделю на воскресном служении… Но это то, что продолжается всё время в нашей повседневной жизни. Это наш ежедневный хлеб – слышание голоса Господа через Дух Святой. И когда мы слышим голос Господа, тогда Он направляет нас.

У нас с женой есть молитва, которой мы молимся, когда собираемся предпринять какое-нибудь дело. Наша молитва о том, чтобы мы всегда были в нужном месте и в нужное время. Мы обнаружили, что эта молитва многое меняет. Мы очень хорошо распоряжаемся своим временем у себя дома, в Иерусалиме. Возможность общения в Иерусалиме отличаются от возможности коммуникации в Соединенных Штатах. Там многие не имеют телефонов. Многие не имеют своих машин. Почтовая система там очень странная. Помню, как однажды, находясь в Иерусалиме, мы послали письмо на другой адрес в Иерусалиме. Оно дошло до адресата только семнадцать дней спустя. Поэтому как поступать в такой ситуации? Одно из наших решений заключается в молитве о том, чтобы нам быть в нужном месте и в нужное время. И удивительно, насколько часто, не планируя этого, мы встречаем именно того человека, с которым нам необходимо встретиться, и именно в тот момент, когда нам надо поговорить с ним. Мы оказываемся в нужный момент в нужном месте.

Кто организует эти встречи? Дух Святой. Он подсказывает нам. Он говорит: «Сегодня день для посещения банка…». Мы идем в банк, и там перед нами в очереди оказывается нужный нам человек. Или Дух Святой говорит: «Не садитесь в этот автобус, сядьте в другой». Это *рема*, произнесенное слово. Это постоянное водительство Духа Святого. Именно оно делает нас зрелыми сынами Божьими. Мы рождены свыше Духом Божьим, как духовные младенцы, но для того чтобы возрастать, мы должны слушать голос Господа. Мы должны быть постоянно водимы Святым Духом.

Заканчивая эту часть, мне хотелось бы, чтобы вы смогли получить наглядное видение такой жизни. Итак, слышание голоса Божьего в качестве ежедневного хлеба — жизнь, когда Дух Святой говорит к нам ежедневно и лично — это та жизнь, которая была у Самого Иисуса. Он не просто проповедовал об этом — Он жил так.

В Книге пророка Исаии есть прекрасная пророческая картина, описывающая каждодневную жизнь нашего Господа Иисуса, Его служение и, в частности, Его постоянные взаимоотношения с Богом-Отцом. Исаия 50:4-7:

Господь Бог дал Мне язык мудрых, чтобы Я мог словом подкреплять изнемогающего...

Слово Иисуса могло укрепить ослабевшего. Как это слово приходило? Послушайте:

... каждое утро Он пробуждает, пробуждает ухо Мое, чтобы Я слушал, подобно учащимся...

В этом заключалась тайна движущей силы Иисуса. Бог пробуждал Его ухо каждое утро, чтобы Он ежедневно слы-

шал голос Своего Отца, Который говорил
к Нему, направлял Его. Этот голос давал
Ему направление, наставление и силу на
каждый день.

*… Господь Бог открыл Мне ухо, и Я
не воспротивился, не отступил назад.*

И здесь есть очень ясное пророческое
описание того, через что надлежало пройти Иисусу:

*Я предал хребет Мой биющим и ла-
ниты Мои поражающим; лица Моего
не закрывал от поруганий и оплева-
ния.*

Почему Иисус был волен пройти через
всё, что Ему надлежало пройти? Откуда
Он получил способность совершить это?
Как Он получил силу для этого? Ведь Он
стал простым человеком, как мы с вами.
Ответ состоит в том, что Иисус постоянно
слышал голос Отца. Перед тем как с чем-
то встретиться, Он каждое утро слушал
Своего Отца.

*И Господь Бог помогает Мне: поэто-
му Я не стыжусь, поэтому Я держу
лице Мое, как кремень, и знаю, что
не останусь в стыде.*

Иисус начинал каждое утро, слушая
Отца. И здесь указаны определенные результаты, которые следуют из ежедневного слушания Отца.

Во-первых, *у Него было слово ободре-
ния для других.*

Во-вторых, *Он принимал направление
(водительство) на каждый день лично
для Себя.*

В-третьих, *Он научился послушанию.* Слышание голоса Божьего ведет к послушанию.

В-четвертых, *Он получал силу пройти через всё, что Он должен был пройти.* Иисус нуждался в чём-то большем, чем просто человеческие возможности. Он нуждался в сверхъестественной силе, и Он принимал ее через слышание голоса Отца.

В-пятых, *Он приобретал решимость.* Он говорит: *«Держу лицо Мое, как кремень (Я не поверну назад)».*

Всё это было передано Иисусу через слышание голоса Отца, благодаря Его учебе. Слышание Божьего голоса сделает то же самое для нас, что оно сделало для Иисуса. Нам необходимо развивать эту привычку — позволять Господу пробуждать наше ухо каждое утро, чтобы мы могли слышать Его голос прежде всего остального.

СЛЫШАНИЕ СЕРДЦЕМ

Итак, мы с вами говорили о великом, неизменном, основном требовании, необходимом для постоянных взаимоотношений с Богом – о слышании голоса Божьего.

В Ветхом Завете это суммировано одной короткой фразой в Книге пророка Иеремии 7:23, где Бог говорит следующее: *«слушайтесь гласа Моего, и Я буду вашим Богом, а вы будете Моим народом».* Это великое, неизменное условие для всех эпох и всех времен. Читая всю Библию, мы видим, что Бог говорит нам следующее: *«В конечном итоге имеет значение только одно – это послушание Моему голосу, и тогда Я буду вашим Богом».*

В Новом Завете Иисус повторил это же требование как отличительную черту тех, кто истинно является Его учениками. В Евангелии от Иоанна 10:27 записаны такие слова Иисуса: *«Овцы Мои слушаются голоса Моего, и Я знаю их; и они идут за Мною».*

Это отличительный признак настоящих учеников и последователей Иисуса во все века. Это не название деноминации и не особенности вероучения. Здесь сказано о тех, кто слышит Его голос, и следует за Ним. *Не слыша Его голос, мы не можем быть Его последователями.* Слышание голоса Иисуса является основным условием для того, чтобы быть учениками Христа – дает право называться христианами.

После этого мы говорили о том, что результатом слышания голоса Божьего является вера. Послание к Римлянам 10:17:

«Итак вера от слышания, а слышание от слова Божия».

Затем, когда мы развиваем, культивируем и практикуем слышание Божьего личного слова для нас на каждый день, оно становится свежим, ежедневным хлебом, который питает нас духовно. И благодаря этому мы получаем каждодневное направление и силу для нашего постоянного хождения с Богом.

Теперь мы перейдём к практическому применению того, о чём говорили. Зададимся вопросом: *как же мы можем слышать голос Божий?* — и постараемся найти ответ на него.

Прежде всего обратимся к учению Самого Иисуса. Много раз Он говорил о внимательном слушании, в частности, когда учил народ притчами. Евангелие от Марка 4:9: *«И сказал им: кто имеет уши слышать, да слышит!»* Затем, 4:23: *«Если кто имеет уши слышать, да слышит!»*

Что означают слова: *«иметь уши для того, чтобы слышать»*? Явно, что Иисус говорит не о физических ушах. Надо полагать, что все люди, которые Его слушали, имели по два уха, — ну разве что за редким исключением. И большинство из них не было глухими физически. Но Иисус снова и снова повторяет: *«Если кто имеет уши слышать, да слышит!»* Итак, о чём Он говорит? Иисус обращает внимание не на внешнее слышание физическими ушами, но на внутреннее состояние сердца. Верю, что Он говорит о том, что мы должны слушать Бога нашим сердцем. Есть такое понятие: *«слышащее Бога (внимающее Богу) сердце»*.

За примером давайте обратимся к жизни Соломона. Когда Соломон только вступил на царский престол, Господь явился ему во сне и задал очень важный вопрос. 3-я книга Царств 3:5:

В Гаваоне явился Господь Соломону во сне ночью, и сказал Бог: проси, что дать тебе.

Не уверен, что большинство из нас действительно готово к такому повороту событий. Представьте себе, Бог является вам и говорит: «Проси, чего хочешь, и Я дам тебе это». Что бы вы попросили? Давайте прочитаем ответ Соломона. 3-я книга Царств 3:7-10:

И ныне, Господи Боже мой, Ты поставил раба Твоего царем вместо Давида, отца моего; но я отрок малый, не знаю ни моего выхода, ни входа; и раб Твой – среди народа Твоего, который избрал Ты, народа столь многочисленного, что по множеству его нельзя ни исчислить его, ни обозреть...

Вот о чём просил Соломон, когда столкнулся с задачей, решить которую ему было не под силу. Он осознавал, что не может справиться со всей тяжестью ответственности, которая ложится на него. Так чего же он просил?

...даруй же рабу Твоему сердце разумное, чтобы судить народ Твой и различать, что добро и что зло; ибо кто может управлять этим многочисленным народом Твоим?

И комментарий был следующий:

...И благоугодно было Господу, что Соломон просил этого.

Когда наш (в т.ч. русский Синодальный — *примеч. ред.*) перевод говорит о *«сердце разумном»*, а другие переводы говорят о *«сердце различающем и мудром»*, — буквальный перевод с оригинала говорит о *«сердце слышащем»*. Это именно то, о чём мы с вами говорим — о *сердце, которое может слышать Бога*. И Соломон получил его как дар от Бога. Бог даровал ему такое сердце, потому что Соломон просил об этом.

Позвольте задать вопрос: а вы когда-нибудь просили у Бога *слышащее сердце*? Осознаете ли вы то, что слышите Бога своим сердцем? Осознаете ли вы то, что, когда сможете слышать Бога вашим сердцем, это может изменить всю вашу жизнь? Надеюсь, вы понимаете, что мы слышим Бога нашим сердцем, а не нашими физическими ушами.

Выше я уже приводил наглядный пример сейфа, который запрограммирован только на голос управляющего этого банка. Его голос, как и голос каждого человека, является уникальным. Никто не сможет скопировать этот голос. Таким образом, единственным человеком, кто может открыть этот сейф, является управляющий банка, когда он произносит определенную фразу своим голосом. Верю, что и ваше, и мое сердце должно работать таким же образом. Сердце — это сейф. Это место, где мы храним то, что для нас представляет самую высокую ценность.

Книга Притч 4:23 — это опять слова Соломона:

*Больше всего хранимого храни серд-
це твое, потому что из него источ-
ники жизни.*

То, что вы имеете в вашем сердце, опре-
делит направление вашей жизни. Ваше
сердце является сейфом, который хранит
вещи намного более ценные, чем те, что
хранятся в банковском сейфе. Верю, что
каждое дитя Божье должно иметь сердце,
которое является сейфом, открывающимся
только для одного голоса — голоса Господа. Вы помните, что сказал Иисус: *«Овцы
Мои слышат голос Мой, и следуют за
Мной».* Также Он сказал о том, что они
не будут идти за чужим, потому что не
знают его голоса. Насколько важно иметь
такое сердце, которое открывается на голос Господа и не открывается на голос чужого! Какое это сердце? Это *различающее*
и *слышащее сердце.* Мы имеем уши, которые слышат не в физическом мире, но в
нашем духе. В самой глубине нашего есте-
ства мы имеем сердце, которое должно ре-
агировать и откликаться на голос Господа.

Теперь давайте посмотрим, что говорит
Писание о противоположном состоянии —
о духовной глухоте сердца. Вся Библия —
как Ветхий, так и Новый Завет — говорит
очень много о людях, которые являются
духовно глухими. Иисус говорил о тех,
кто не понимал Его притч, что это духовно глухие люди. Вот как Он выразил это
в Матфея 13:13-15:

*Потому говорю им притчами, что
они видя не видят, и слыша не слышат, и не разумеют; и сбывается
над ними пророчество Исаии, кото-*

*рое говорит: «слухом услышите - и
не уразумеете, и глазами смотреть
будете – и не увидите, ибо огрубело сердце людей сих и ушами с трудом слышат, и глаза свои сомкнули,
да не увидят глазами и не услышат
ушами, и не уразумеют сердцем, и
да не обратятся, чтобы Я исцелил
их».*

Это описание людей, у которых нет
сердца, слышащего Бога. Они стали вну-
тренне глухими. И здесь есть одно слово, которое я считаю очень важным. Это
пугающее слово: *«огрубело* сердце людей
сих». Их сердце не реагирует, оно поте-
ряло чувствительность. Сравните это состояние с тем, что Бог сказал об Израиле
в Ветхом Завете в Псалме 94:7-8:

*О, если бы вы ныне послушали гласа
Его: «не ожесточите сердца вашего,
как в Мериве, как в день искушения
в пустыне»...*

(В других переводах слово «ныне»
(сегодня, сейчас) находится в начале слов
Господа, обращенных к Израилю: *«О,
если бы вы послушали гласа Его: «Ныне
не ожесточите сердца вашего»...* сравните с Евреям 3:15 – *примеч. ред.*)

Затем Бог продолжает говорить о тех
людях, которые ожесточили свои сердца,
Псалом 94:10-11:

*Сорок лет Я был раздражаем родом
сим, и сказал: это народ, заблуж-
дающийся сердцем; они не познали
путей Моих, и потому Я поклялся
во гневе Моем, что они не войдут в
покой Мой».*

Насколько я вижу, сегодня есть много
христиан, которые так по-настоящему и не
вошли в покой Божий. Они всё время скитаются по пустыне, но так и не входят в
Землю Обетованную. Единственный способ войти в Божий покой (и наследовать
обетования) — это услышать Его голос.

Если вы совместите то, что говорит
о духовно глухих людях Новый Завет, с
тем, что говорит о них Ветхий Завет, то
вы обнаружите два слова, которые наглядно описывают состояние их сердец. Это
слова: *«огрубелое»* и *«ожесточенное»*.
Такие сердца не слышат. О чём это говорит нам? Что противоположно огрубело-
му и ожесточенному состоянию? Полагаю,
главными характеристиками сердца являются *«чувствительность»* и *«мягкость»*.
Итак, мы должны развивать внутреннюю
чувствительность по отношению к Господу и *восприимчивость* к Его голосу.

Видели ли вы когда-нибудь, как слепой человек читает специальные книги
для незрячих? Как он водит пальцами по
этим небольшим точкам, выбитым на спе-
циальной бумаге? Если я проведу рукой
по этим точкам, то для меня они не будут
значить ничего. Я буду чувствовать просто
что-то слегка выступающее над поверх-
ностью. Но слепой человек выработал в
своих пальцах настолько тонкую чувствительность, что эти точки несут для него
информацию — это слова, которые имеют
смысл. И я верю, что это похоже на раз-
витие чувствительности нашего сердца
к голосу Господа. Надо иметь настолько
чувствительное сердце, чтобы мы слыша-

ли Божий голос и различали то, что Он хочет сказать нам.

Верю, что именно в этом находится ключ к благословению, к вхождению в наше наследие. Как печально думать о людях, которые скитаются в пустыне, когда они могли бы быть в Земле Обетованной, и всё из-за того, что их сердце огрубело, и они не развивали в нём чувствительность к голосу Господа. Я хочу сделать вам вызов и призвать вас развивать чувствительность вашего сердца!

ЧЕТЫРЕ ТРЕБОВАНИЯ

Примите это как мое личное свидетельство: в своей жизни я обнаружил, что правильное слышание Божьего голоса, как правило, является ключевым моментом в достижении духовного успеха. Не думаю, что есть что-то более важное для всех нас в личном хождении с Богом, чем наука быть послушным Божьему голосу, и слышать Его правильно.

Мы говорили с вами о том, что мы слышим голос Божий не своими физическими ушами, а нашим сердцем. Мы прочитали молитву Соломона: *«Дай мне сердце слышащее»*, и увидели, что Господу понравилась эта просьба. Здесь мы получаем для себя пример и вызов, и я спрошу вас еще раз прямо сейчас: *просили ли вы у Бога сердце слышащее?*

С другой стороны, мы увидели, что когда Божий народ не слушал Божьего голоса, то для описания состояния их сердца используется два слова: *«ожесточенное»* и *«огрубелое»*. Значит, чтобы слышать Божий голос мы должны развивать чувствительность наших сердец подобно тому, как слепой человек, читающий кончиками пальцев, развивает их чувствительность. Незрячий человек, прикасаясь рукой к выбитым на бумаге точкам, получает оттуда информацию, чего не может сделать обычный человек. И это потому, что он развил особого рода чувствительность. Верю, что и мы должны точно так же развивать восприимчивость наших сердец, если мы действительно хотим правильно слышать Божий голос.

О Боге скажу вам одно: *Он не кричит нам в ухо*. Очень редко в Библии встречаются места, где говорится, что Бог повышает голос. Некоторые люди представляют Бога, как исполина, который кричит громким голосом, но это совсем не так. Немного далее мы с вами обратимся к тем местам Писания, где Бог говорит шепотом.

Сейчас мне бы хотелось рассмотреть четыре особых требования для достижения такого рода чувствительности сердца. Два первых требования тесно связаны друг с другом, их можно назвать: *восприимчивость (внимательность)* и *покорность (смирение)*. Эти требования много раз упоминаются в Книге Притчей, и нам необходимо помнить, что Притчи были написаны Соломоном, человеком, который просил и получил от Бога сердце слышащее.

Давайте прочитаем три отрывка из Книги Притчей, где эти два требования соединены вместе. Книга Притчей 4:20:

Сын мой! словам моим внимай, и к речам моим приклони ухо твое...

Вот два требования: *внимай* и *приклони ухо твое*. «Приклонить ухо» означает склонить свою голову. Склоненная голова является признаком благоговейного, почтительного смирения. Вы не спорите с Богом, вы не удаляетесь от Бога, – вы ожидаете слова от Него. «Приклоненное ухо» является одним из основных условий для слышания Бога. Притчи 5:1:

Сын мой! внимай мудрости моей, и приклони ухо твое к разуму моему...

Опять, все те же два условия: *внимай*

и *приклони ухо*, а в Притчах 22:17 мы читаем:

> *Приклони ухо твое, и слушай слова мудрых, и сердце твое обрати к моему знанию...*

На основании первой части стиха мы можем сказать, что если мы не приклоним наше ухо, то не сможем услышать. Если у нас нет правильного отношения – отношения смирения, почтительности, покорности – мы не услышим. Поэтому сказано: *«Приклони ухо твое, и слушай слова мудрых, и сердце твое обрати к моему знанию»*. Как видите, мы всегда слышим голос Божий сердцем, и мы должны *обратиться* нашим сердцем или, как сказано в другом переводе, – *«прикладывать к этому наше сердце»*. Мы должны внимать. Мы должны сосредоточить наше внимание на слышании.

Давайте подытожим эти два первых требования. Прежде всего, слушая Божий голос, мы должны уделить Ему всё наше внимание: *внимай и приложи к этому сердце твое*. Заметьте, что это полностью противоречит современной культуре. Сегодня большинство людей слушает, как минимум, два источника информации одновременно.

Помню как одна из моих дочерей, будучи старшеклассницей, сидела на кухне и выполняла свое домашнее задание, одновременно просматривая телепрограмму. Только от попытки сосредоточится сразу на двух источниках информации, у меня голова шла кругом. Когда-то я был успешным студентом, учителем, профессором университета. Но я никогда не был способен на такое. Если я думаю над задачей, то не могу следить за тем, что происходит на экране телевизора. Причем, нельзя сказать, что она плохо выполняла свою домашнюю работу − она всегда получала самые высокие оценки. Но остается вопросом, насколько глубоко ложатся полученные таким образом знания?

Надо признать, что сегодня люди просто боятся тишины, − это стало типичным для современной американской и западной культуры. Вы заметили это? Они хотят, чтобы постоянно происходил какой-то шум, всегда был какой-то музыкальный фон, чтобы что-то отвлекало их. Но если вы хотите слышать голос Божий, то не можете себе позволить отвлекаться. Вы фокусируете оба уха и весь свой разум на Боге. Вы должны развивать внимательность. Это такое качество, которое немногие имеют сегодня.

Во-вторых, как уже было сказано, мы должны *«приклонить ухо»*. Мы должны быть покорны и открыты к научению. Многие люди читают Библию и молятся Богу, имея свое собственное понимание, что Богу следует делать и чего Он не должен делать. Они верят, что *знают, что Бог может им сказать, а что Он сказать не может*. И когда Он говорит или делает что-то противоречащее их пониманию, они просто теряют свою способность слышать. Они становятся глухими из-за своих собственных предубеждений.

Большинство людей, принадлежащих к разным христианским конфессиям, читают Библию с точки зрения своей деноминации. Они думают: «Если это не то, чему учит моя конфессия, то этого не может быть в Библии». Поверьте, я не думаю, что где-то есть какая-то деноминация, которая абсолютно всё понимает совершенно правильно. В Библии есть такое, о чём мы мало или практически ничего не слышим в церкви. И если мы будем ожидать от Бога, что Он будет говорить то, о чём нам уже говорили, то окажемся духовно глухими. Мы упустим то, что Бог говорит нам.

Итак, первые два требования для слышания Бога — это *внимание* и *покорность*. Теперь давайте обратимся к двум следующим. Полагаю, что следующими необходимыми условиями являются *время* и *покой*. Опять-таки, как несвойственно это нашей современной культуре. Вот чего практически никто не имеет сегодня — *времени тишины*. И, тем не менее, именно о покое так много раз говорится в книге Псалтирь, когда речь идет о слышании Бога. Например, в Псалме 45:11 сказано:

Остановитесь и познайте, что Я Бог...

Призыв «*остановитесь*» имеет значение «*успокойтесь*», «*побудьте в тишине*». В другом переводе это звучит так: «*Отложите все свои усилия и узнайте...*». Теперь совместите это вместе: «*Остановитесь, успокойтесь, отложите все ваши старания, побудьте в тишине и познайте...*». О чём это говорит вам? Мне это говорит о пребывании в *тишине и покое*, и *для этого требуется определенное время*. Зачастую мы слышим от Бога тогда, когда уделяем время для того, чтобы продолжать ожидать Его. Бог не всегда говорит сразу то, о чем мы хотим услышать. Псалом 61:2, это слова Давида:

Только в Боге успокаивается душа моя.

Буквально это можно перевести с оригинала таким образом: *«Моя душа ожидает в тишине Бога, и только Бога».* Что за удивительные слова! Вы должны ожидать. Вы должны быть в тишине и покое, и ваше внимание должно быть сосредоточено только на одной личности – на Боге.

Затем в том же Псалме, четырьмя стихами ниже, Давид обращается к своей собственной душе:

Только в Боге успокаивайся, душа моя!

Буквальный перевод гласит так: *«Моя душа, ожидай в тишине только Бога».* Вы когда-нибудь говорили такое своей душе: «Душа моя, я говорю тебе, ожидай в тишине только Бога»? Ударение здесь сделано на ожидании Бога в тишине, на пребывании в состоянии внимания, почтения, тишины, спокойствия и даже отдыха, когда наше сердце и наше мышление сосредоточено на Боге.

Хочу сказать вам, что нет лучшей подготовки для достижения такого состояния, чем *поклонение.* Об этом замечательно сказано в Псалме 94:6-8:

Приидите, поклонимся и припадем...

И опять ударение делается на смирении:

...Преклоним колени пред лицем Господа, Творца нашего; ибо Он есть Бог наш, и мы - народ паствы Его и

овцы руки Его. О, если бы вы ныне послушали гласа Его: «не ожесточите сердца вашего, как в день искушения в пустыне»...

Снова и снова, когда говорится о желании слышать голос Божий, вместе с этим идет предостережение против ожесточения сердца. Итак, как мы готовим наше сердце? Нет лучшего способа подготовки, чем тот, о котором мы только что прочитали: *«Давайте поклонимся, припадем, встанем на наши колени, придем к Богу с почтением, откроем наши сердца перед Ним! Поклонимся Ему! Признаем Его величие, Его могущество, Его волю, Его мудрость! Господь – есть Бог великий!»* Мы нуждаемся в том, чтобы оказать Ему всё почтение и уважение, насколько мы только способны это сделать. Мы нуждаемся в том, чтобы осознать эту невероятную привилегию: *слышать Его*. Оценить то, что Бог, Который сотворил и на Ком держится существование всей Вселенной, этот Всемогущий Бог говорит лично со мной!

В нашей современной культуре так мало уважения к власти, однако Бог по-прежнему ожидает почтения. И если мы приходим к Нему, то мы должны приходить с благоговением и почтением, которые выражаются в поклонении, в смирении себя перед Ним, в признании Его величия, в открытии своих сердец перед Ним. Итак, когда вы желаете услышать что-то от Бога – приближайтесь к Нему с поклонением.

БОГ НАЗНАЧАЕТ ВРЕМЯ И МЕСТО

Итак, говоря о слышании голоса Божьего, мы установили следующие важные моменты:

Во-первых, мы слышим голос Божий сердцем, а не физическими ушами. По этой причине мы должны развивать чувствительность своего сердца. Для описания состояние сердца духовно глухих людей Библия использует два слова: *«ожесточенное»* и *«огрубелое»*.

Во-вторых, существуют особые требования для достижения такого рода чувствительности сердца: 1) *внимательность (восприимчивость)*; 2) *смирение (покорность)*; 3) *время*; 4) *тишина (покой)*.

Мы прочли слова Давида в Псалме 61:6: *«Душа моя, ожидай в тишине только Бога»*.

Затем мы говорили о том, что лучшим приготовлением является поклонение. Псалом 94:6: *«Придите, поклонимся и припадем, преклоним колени перед лицем Господа, Творца нашего»*. Таким образом, самой лучшей подготовкой для приближения к Богу является поклонение. И далее, в этом же псалме нам дано предупреждение: *«Сегодня, если услышите голос Его, не ожесточите сердец ваших»*.

Истина, о которой пойдет речь в этой части, естественным образом вытекает из уже сказанного. Она заключается в следующем: *Бог определяет то, когда и где Он говорит с нами*. Мы должны оказать Богу предпочтение перед всеми нашими планами, интересами и занятиями. Мы можем иметь свою собственную программу, свои собственные интересы, – мы можем иметь то, что приводит нас в восторг, и что мы страстно желаем выполнить. Но если мы хотим слышать голос Божий, то должны быть готовы оставить всё это. Мы должны «остановиться и успокоиться», – как говорит псалмист. Мы должны позволить Богу назначать время и место, и, возможно, это будет не тем временем и местом, которое избрали бы мы.

Давайте рассмотрим пример трех человек, которые встретились с Богом и слышали Его голос – Моисей, Илья и Иеремия. Сначала обратимся к жизни Моисея. Числа 7:89 описывают то, как Моисей входил в скинию, которая была установлена в пустыне, и где он общался с Богом (Моисей говорил Богу, а Бог говорил Моисею). Всегда, когда я читаю этот стих, особая тишина посещает мою душу. Я думаю об этой скинии, стоящей в раскаленной солнцем пустыне, в бесплодной и пыльной местности, но внутри скинии свежесть, прохлада, укрытие от солнца и тишина. И это всегда побуждает меня отвернуться от горячего и пыльного, от дел и занятий, и уединиться в тихом месте, где я могу говорить с Богом, а Бог со мной. Вот что сказано о Моисее:

Когда Моисей входил в скинию собрания, чтобы говорить с Господом, слышал голос, говорящий ему с крышки, которая над ковчегом откровения между двух херувимов, и он говорил ему.

Как видите, было особое место, где Бог говорил Моисею. Оно находилось за второй завесой скинии. Бог говорил из Святого Святых, из самого святого места. Это показывает мне, насколько священным является слышание голоса Господа. Его голос звучал с крышки ковчега завета, из среды двух херувимов. Эти склоненные херувимы, обращенные друг к другу, говорят о поклонении и общении. Этот голос звучал с крышки ковчега (которую также называют *«Престолом милости и искупления»* – *прим. ред.*), которая лежала на ковчеге завета. Голос звучал из места, которое окроплялось кровью, что свидетельствовало о покрытом и прощеном грехе. Итак, насколько показательным является всё это? Это было место *поклонения*. Это было место *общения*. Это было место, где *грех был прощен и покрыт*. И, пожалуйста, помните то, что непокрытый и непрощенный грех всегда будет удерживать вас от слышания голоса Господа. Итак, вот то место, где Моисей слышал голос Господа.

На мой взгляд, совсем не случайно, уча Своих учеников молитве, Иисус упомянул о том, что следует войти во внутреннюю комнату. Матфея 6:6 (Перевод еп. Кассиана):

Ты же, когда молишься, войди во внутренний покой твой; и затворив дверь твою, помолись Отцу твоему. Который втайне; и Отец твой, видящий втайне, воздаст тебе.

Зачем именно во внутреннюю комнату? Чтобы удалиться от всех раздражителей, заглушить все посторонние звуки и не видеть признаков этого мира, чтобы успокоиться перед Богом. Я верю, что каждый христианин должен иметь свою «внутреннюю комнату». Помню одного своего друга, который обычно шел в кладовку, которая находилась под лестницей, где были метлы и прочие инструменты, но это было место, где он слушал Бога. Для него это местом стало святым.

Второй пример человека, который слышал Божий голос, это пророк Илья. Однажды Илья одержал потрясающую личную победу — на горе Кармил, в присутствии всего Израиля, Божий огонь сошел на его жертву. Он постыдил, унизил, а потом и казнил всех ложных пророков. Но затем он должен был бежать, спасаясь от мести женщины по имени Иезавель. Он убежал в пустыню и просил Бога забрать его жизнь. Бог послал ангела для того, чтобы укрепить пророка. И благодаря той силе, которую Илья получил от ангела, он дошел до горы Хорив, того самого места, где Бог впервые заключил завет с Израилем. И вот что произошло, когда Илья добрался до горы Хорив. 3-я книга Царств 19:11-13:

И сказал ему Господь: что ты здесь, Илия? Он сказал: возревновал я о Господе Боге Саваофе, ибо сыны Израилевы оставили завет Твой, разрушили Твои жертвенники и пророков Твоих убили мечом; остался я один, но и моей души ищут, чтобы отнять ее. И сказал: выйди и стань на горе пред лицем Господним, и вот, Господь пройдет, и большой и силь-

ный ветер, раздирающий горы и сокрушающий скалы пред Господом, но не в ветре Господь; после ветра землетрясение, но не в землетрясении Господь; после землетрясения огонь, но не в огне Господь...

Три могущественные демонстрации Божьей силы: 1) ветер, сокрушающий скалы, 2) мощное землетрясение и 3) пылающий огонь. Но как показательно то, что Бога нет во всех этих потрясающих проявлениях. И затем:

... После огня веяние тихого ветра.

«*Веяние тихого ветра*» буквально — это «*нежный шепот*». Вы помните мои слова о том, что Бог не кричит. Некоторые люди представляют Бога в образе кричащего человека. Такой образ Бога был у Гитлера. Мировые диктаторы и многие подобные им люди представляли себе Всемогущего Бога как огромного, кричащего исполина. Но Бог очень отличается от их представлений. После всей этой внушительной демонстрации силы пришёл нежный шепот, и это произвело на Илью неизгладимое впечатление.

Услышав сие (не ветер, не землетрясение и не огонь, но нежный шепот) *Илия закрыл лице свое милотью своею, и вышел, и стал у входа в пещеру.*

О чём свидетельствует то, что он закрыл свое лицо плащом? О поклонении и смирении себя. Войти в глубокое смиренное поклонение, значит открыть свой дух Богу. И теперь, когда Илья был готов слушать:

И был к нему голос и сказал ему: что ты здесь, Илия?

Подумайте о том приготовлении, о той тщательной подготовке, какую устроил Бог, чтобы Илья услышал Его голос. Бог заботится о том, чтобы мы слышали Его голос. Но помните, Бога может не быть в буре, землетрясении или огне, но если вы имеете уши, чтобы слышать, то после этого будет нежный шепот. Когда вы услышите Его, то вам захочется закрыть свое лицо милотью. Вы захотите поклоняться. Ваше сердце склонится в смирении.

Важно увидеть в жизни Ильи результаты того, что он услышал нежный шепот. Это была сила и новое направление для его служения. Перед приходом на Хорив, Илья был разбитым человеком. Он был готов сдаться, бросить всё, сетовать и жаловаться. Но после того как Илья услышал Божий голос, он стал победителем и получил новое водительство и направление. Вплоть до самого последнего момента он не знал, что делать дальше, но слышание Божьего голоса дало направление его служению. Слышание голоса Божьего сделает то же самое для нас с вами. Вот откуда приходит сила и дальнейшее водительство Божье.

Третий человек, который слышал голос Божий и о котором стоит упомянуть, это Иеремия. Давайте заглянем в Книгу пророка Иеремии 18:1-6:

Слово, которое было к Иеремии от Господа: встань и сойди в дом горшечника, и там Я возвещу тебе слова Мои.

Эти слова можно перефразировать так: «Если ты хочешь услышать Мой голос, ты должен пойти туда-то. Я хочу говорить тебе, но ты должен быть в правильном месте в правильное время». Иеремия повиновался:

И сошел я в дом горшечника, и вот, он работал свою работу на кружале. И сосуд, который горшечник делал из глины, развалился в руке его; и он снова сделал из него другой сосуд, какой горшечнику вздумалось сделать. И было слово Господне ко мне: не могу ли Я поступить с вами, дом Израилев, подобно горшечнику сему? говорит Господь. Вот, что глина в руке горшечника, то вы в Моей руке, дом Израилев.

Как видите, всё происходило в определенном месте и в определенное время. Бог хотел, чтобы Иеремия пошел в дом горшечника. Он хотел, чтобы Иеремия увидел, как работает мастер с глиной на гончарном круге, потому что это должно было стать прообразом Божьих действий с Израилем. Помните, что сегодня Израиль является глиной в Божьих руках, и Он прямо сейчас придает ему форму, вращая его на кружале обстоятельств и мировой истории. Это послание так же истинно и сегодня. Итак, Иеремия не получил бы это слово, если бы не пошел в указанное место. Он должен был подчиниться и оказаться там. Бог назначил Иеремии своего рода встречу. Он сказал: «*Если ты пойдешь в дом горшечника, то там Я буду говорить с тобой*». Как видите, перед тем как иметь слово для других, он должен был сам услышать это слово от Бога.

Меня всегда удивляло, что в Библейских школах и семинариях уделяют так много времени, обучая людей тому, как проповедовать, но очень редко учат их тому, как слушать. *Если вы не слышали от Бога — вам нечего сказать.* И поверьте мне, человек, который слышит Бога, достоин того, чтобы его слушали, даже если он никогда не имел высоких оценок по гомилетике (науке составлять проповеди и красноречиво проповедовать — *прим. ред.*). Сегодня люди ожидают того, чтобы услышать человека, который слышит Бога.

Мне бы хотелось закончить эту главу небольшим примером из своей жизни. Однажды я был в Дании, на родине моей первой жены Лидии. И Господь очень ясно направил меня на один скалистый утес, возвышавшийся над морем, которое датчане называют Западным, а британцы называют Северным морем. Дело было прекрасным зимним днем. Солнце на западном небосклоне постепенно склонялось к морю. Его лучи отражались от воды и светили прямо мне в лицо. Взойдя на вершину этого утеса, я успокоил свое сердце перед Богом. Я стоял там и смотрел на море. Спустя какое-то время Господь начал говорить ко мне. Он говорил около часа и показал мне, что состояние моря и поведение морских волн подобно истории Церкви. Всё началось с подъема, но постепенно духовная жизнь спала до самого низкого уровня, которого она достигла во времена мрачного Средневековья. Затем волна возвратилась, и уровень опять начал подниматься. И так появлялась волна за волной, – одно мощное движение Духа за другим. И Бог показал мне нечто, чем сейчас я с вами не могу поделиться. Это касается того, что произойдет, когда период Церкви придет к своему завершению. Но всё это откровение я получил только благодаря тому, что Бог назначил мне встречу на вершине скалы с видом на Северное море.

КАК МЫ МОЖЕМ БЫТЬ УВЕРЕНЫ?

Теперь давайте рассмотрим чрезвычайно важный практический вопрос, который напрямую связан с нашей темой. *Как мы можем быть уверены, что голос, который мы слышим, действительно является голосом Божьим?* Мне бы хотелось обратить ваше внимание на три важных подтверждения (которые мы должны найти), что мы действительно слышим голос Божий.

Во-первых, находится ли в согласии с Писанием то, что мы слышим. Мы верим, что Бог говорит нам согласно Духу и смыслу Писания. Это имеет огромную и первостепенную важность.

Позвольте показать вам два взаимосвязанных факта. Первый факт заключается в том, что *именно Дух Святой озвучивает голос Божий для нас.* Второй факт: *именно Дух Святой является автором всего Писания.* Это утверждается во многих местах Библии. Давайте рассмотрим одно из них, 2-е Тимофею 3:16:

> *Все Писание богодухновенно и полезно для научения, для обличения, для исправления, для наставления в праведности.*

Само слово «богодухновенно» свидетельствует о том, что Святой Дух Божий вдохновил Писание – Он давал направление и осуществлял руководство людьми, которые писали Библию. Таким образом, именно Дух Святой является автором всего Писания. За всеми людьми писавшими Библию находится Божественная Личность — Дух Святой — Который отвечает за точность и авторитетность Писания.

Теперь давайте совместим эти два факта. Дух Святой является Божьим голосом для нас, и Он же является автором Священного Писания. И мы знаем точно одно: *Дух Святой никогда не будет противоречить Сам Себе.* Поэтому Дух Святой никогда не озвучит такой «Божий голос», который говорит что-то, что не согласуется с Писанием.

Таким образом, первый способ проверить, слышите ли вы голос Господа — это сверить с Писанием то, что вы слышите. Находится ли это в согласии со смыслом, Духом и принципами Писания? Если это не так, будьте уверены: то, что вы слышите, не является голосом Божьим. Мы должны быть очень внимательны и отбросить все сатанинские подделки. Сатана имеет множество подделок голоса Господа.

Есть место Писания, которое говорит об этом чрезвычайно ясно и которое звучит крайне актуально для сегодняшней ситуации и состояния нашего общества. Исаия 8:19-22:

И когда скажут вам: обратитесь к вызывателям умерших и к чародеям, к шептунам и чревовещателям, — тогда отвечайте: не должен ли народ обращаться к своему Богу? спрашивают ли мертвых о живых? Обращайтесь к закону и откровению. Если они не говорят, как это слово (не говорят как закон и откровение, − как Ветхий и Новый Завет, как Писание) *то нет в них света.*

И затем описаны последствия для тех, кто приносит такие послания и слушает посланников не от Бога.

И будут они бродить по земле, жестоко угнетенные и голодные; и во время голода будут злиться, хулить царя своего и Бога своего. И взглянут вверх, и посмотрят на землю; и вот − горе и мрак, густая тьма, и будут повержены во тьму.

Что за ужасный перечень мы находим в конце: *жестокое угнетение, горе, страшное уныние, полная тьма* − как результат обольщения и следствие принятия сатанинских подделок. Сегодня весь мир просто переполнен этими фальшивками, − заняло бы много времени перечислять их все. Позвольте упомянуть лишь некоторые из них. Прежде всего, *медиумы, спиритисты* (которые упоминаются в этой главе Книги пророка Исаии). Затем, *предсказатели будущего, составители гороскопов, гадатели на магических картах, на кристальном шаре* и т.д., всевозможные виды *оккультной практики,* так называемые *целители подсознания* и т.п. Поверьте, я знаю, какую мучительную борьбу переживают люди, которые пытаются освободиться от оккультизма. До своего прихода к познанию Господа Иисуса, я был глубоко вовлечен в занятия йогой, и знаю ту тьму, в которой находился. Помню, какую борьбу мне пришлось пройти, чтобы обратиться от тьмы к свету, истине Писания и Господу Иисусу Христу.

Какой же конец ожидает всех тех, кто обольщается этими подделками? Давайте прочитаем еще раз эти слова: *«Наверх ли они посмотрят или взглянут на землю, они увидят лишь горе, мрак и страшную тьму...»* (Перевод Международ. Библ. Общества). Но если мы ходим в согласии с Писанием, то мы увидим свет. Псалом 118:105 говорит:

Слово Твое − светильник ноге моей и свет стезе моей.

Если мы ходим в согласии с Писанием, в послушании ему, то не будем бродить во тьме. Возможно, мы не будем видеть далеко вперед, но у нас всегда будет достаточно света для освещения следующего шага на нашем пути. Поэтому всегда помните, что первое и самое важное требование заключается в том, что голос, который, как мы верим, является Божьим голосом, должен звучать в полном согласии с истиной Священного Писания.

Во-вторых, подтверждение обстоятельствами. Давайте обратимся к жизни пророка Иеремии, когда он находился в тюрьме, а город Иерусалим был осажден неприятелем. Хотя это сам Иеремия и предсказал захват города и опустошение страны вавилонской армией, повсеместное разорение и горе − но, находясь в тюрьме, и наблюдая исполнение собственных пророчеств, он получил удивительное слово от Господа. Иеремия 32:6-9:

И сказал Иеремия: таково было ко мне слово Господне: вот Анамеил, сын Саллума, дяди твоего, идет к тебе сказать: «купи себе поле мое, которое в Анафофе, потому что по праву родства тебе надлежит купить его».

На тот момент это поле не представляло никакой реальной ценности. Не было смысла покупать поле, которое должно быть захвачено и опустошено вавилонской армией. То, о чём говорил Господь, было удивительным. Читаем дальше:

И Анамеил, сын дяди моего, пришел ко мне, по слову Господню, во двор стражи и сказал мне: «купи поле мое, которое в Анафофе, в земле Вениаминовой, ибо право наследства твое и право выкупа твое; купи себе».

Теперь послушайте, что сказал Иеремия:

Тогда я узнал, что это было слово Господне. И купил я поле у Анамеила, сына дяди моего, которое в Анафофе...

«Тогда я узнал, что это было слово Господне». Господь хотел сказать ему нечто, что казалось невероятным и удивительным. Иеремия был не до конца уверен в истинности этого слова и он положил его, так сказать, в папку с пометкой *«Для дальнейшего рассмотрения».* Спустя короткое время пришло подтверждение тому, что это было слово от Бога. Сын его дяди сделал удивительную вещь. Он пришел к нему в тюрьму и попросил его купить именно тот участок поля, о котором ему сказал Господь — вот это я называю *подтверждением обстоятельствами.*

Позвольте привести пару примеров,

которые основаны на реальных фактах из жизни людей. Скажем, вы имеете побуждение купить дом в своем районе. Но этот дом даже не выставляется на продажу. Однако вы идете и стучитесь в дверь этого дома и говорите женщине, которая открывает дверь: «Если вы когда-нибудь захотите продать этот дом, то я был бы заинтересован в том, чтобы купить его». И эта женщина отвечает вам: «Не удивительно ли это? — мы с мужем только что приняли решение продать этот дом, но у нас нет времени заниматься поисками хорошей фирмы по продаже недвижимости и оформлять с ней договор». Как видите, вы получили подтверждение обстоятельствами, что ваше побуждение было от Бога.

Или вы являетесь руководителем бизнеса в каком-то городе, имеете хороший дом, и занимаете хорошее положение. Тем не менее, Господь говорит вам о переезде в другой город, и вы не можете понять причину этого. Вы говорите: «Господь, я не понимаю этого, но если это Ты так хочешь, то подтверди мне это». На следующий день ваш начальник вызывает вас и предлагает вам переехать именно в тот город, в котором, как вы чувствовали, Господь желает видеть вас, плюс к этому вам повышают зарплату. Что вы скажете на это? Я бы сказал как Иеремия: «Тогда я узнал, что это было слово от Господа».

В-третьих, свидетельство мира Божьего в нашем сердце. Это третье важное подтверждение, которое мы должны искать, когда верим, что слышали Божий голос в нашем сердце. Божий голос всегда производит Божий мир. Колоссянам 3:15-16:

И да владычествует в сердцах ваших мир Божий, к которому вы и призваны в одном теле, и будьте дружелюбны. Слово Христово да вселяется в вас обильно, со всякою премудростью; научайте и вразумляйте друг друга псалмами, славословием и духовными песнями, во благодати воспевая в сердцах ваших Господу.

Ключевая фраза находится вначале: «*И да владычествует в сердцах ваших мир Божий...*». В другом переводе сказано так: «*Пусть мир Христов правит в ваших сердцах...*». Слово, переведенное как «*владычествует*» или «*правит*», означает «*быть судьей, арбитром*». Оно подразумевает действия независимого (третейского) судьи, который принимает резолюцию в отношении определенных действий — он выносит суд: правильны они или нет. Расширенный перевод Библии дает очень хороший перевод этого отрывка:

Пусть мир (душевная гармония, которая приходит от Христа) правит (постоянно действует, как надзирающий судья) в ваших сердцах, принимая окончательные решения по всем вопросам, которые возникают в вашем разуме.

Видите, о чём идет речь? Мы имеем внутреннего арбитра, выносящего решение по вопросам, которые мы сами не можем решить. И что является этим судьей и арбитром? *Мир Божий.* Одобрение и свидетельство мира Божьего внутри нас, подтверждает правильность нашего выбора. Но когда по этому вопросу нет мира Божьего, то нам надо быть осторожными. Нам нужно сказать: «Хорошо, Господь, если это от Тебя, то пусть в моем сердце будет Твой мир». Если в сердце беспокойство и борьба, особенно когда мы чувствуем себя принуждаемыми к поспешным действиям, тогда будем на страже: похоже, что мир Божий покинул нас. Тем самым Бог говорит: «Ты понял Меня неправильно» или: «Ты неверно применяешь то, что Я сказал».

В отрывке, который мы прочитали, сочетаются вместе три фактора. Там говорится о Божьем мире, о благодарении и Слове Божьем в нашем сердце. Нам необходимо иметь всё вместе. Если это голос Божий, то там будет присутствовать мир Божий, и мы будем переполнены благодарением. Если нам будет по какой-то причине трудно благодарить Бога, если наша хвала начнет истощаться, тогда, скорее всего, эти действия внутри нас не от Духа Святого. Вдобавок к этому там сказано: *«Пусть в вас обитает слово Христа во всей своей полноте и мудрости...»* (Современный Перевод) — мы не перестаем смотреть на всё через призму Писания, постоянно сверяя всё со Словом Божьим.

ПОДТВЕРЖДЕНИЕ ЧЕРЕЗ ДРУГИХ ЛЮДЕЙ

В этой части мы обратим внимание на еще один способ подтверждения того, что слышимое нами исходит от Бога. Какое еще доказательство мы можем ожидать? – *подтверждение через других верующих.*

Давайте обратимся к примеру из Нового Завета и посмотрим на то, как церковь Антиохии послала Варнаву и Павла на апостольское служение. Эти события описаны в Деяниях 13:1-3:

> *В Антиохии, в тамошней церкви были некоторые пророки и учители: Варнава, и Симеон, называемый Нигер, и Луций Киринеянин, и Манаил, совоспитанник Ирода четвертовластника, и Савл. Когда они служили Господу и постились...*

В оригинальном тексте фраза «служили Господу» говорит о поклонении. Как мы уже отмечали, поклонение является лучшей подготовкой к слышанию голоса Господа. Также здесь говорится о том, что они постились – смиряли себя и действительно искали Бога всем сердцем.

Дух Святый сказал (заметьте это – как уже было сказано, именно Дух Святой приносит нам голос Божий) отделите Мне Варнаву и Савла на дело, к которому Я призвал их. Тогда они, совершив пост и молитву и возложив на них руки, отпустили их.

Очень важно чтобы вы обратили внимание на слова, которые использует Дух

Святой. Он говорит: «*Отделите* (настоящее время) *Мне Варнаву и Павла на труд, к которому Я их призвал* (прошедшее время)». Дух Святой уже призвал Варнаву и Павла. В тот момент они уже не впервые слышали о своем призвании. Но здесь через их братьев, когда они были собраны вместе, произошло публичное подтверждение того, что это был призыв Божий. И это очень важно, потому что Варнава и Павел нуждались в этом публичном подтверждении.

Нам необходимо вернуться назад и посмотреть на то, как Бог трудился над жизнью Павла. И проследить всю историю этих взаимоотношений прямо с того момента, когда Иисус явился ему и Павел узнал, что имеет призвание апостола. Павел утверждает и не раз подчеркивает в своих посланиях, что его апостольство было не от людей. Например, в Послании к Галатам 1:1:

Павел апостол, избранный не человеками и не через человека, но Иисусом Христом и Богом Отцем, воскресившим Его из мертвых...

Обратите внимание, что Павел говорит о том, что был послан не от людей и не людьми, но Иисусом Христом и Богом Отцом. Таким образом, апостольское призвание пришло к Павлу напрямую от Бога, а не от людей. Тем не менее, Бог подтвердил это через людей. Это произошло в церкви в Антиохии, где Дух Святой сказал: «*Отделите Мне Варнаву и Савла на труд, в который Я уже призвал их*». Они уже приняли и знали свое личное призвание, но это было публичным подтверждением. Всё это показывает нам, какое значение Сам Бог придает подтверждению того, что мы правильно слышим Его голос.

Полагаю, что это публичное подтверждение призвания Павла служило, по крайней мере, трем целям:

Во-первых, оно укрепляло веру самого Павла. Думаю, что многие из нас проходили такие времена, когда нуждались в поддержке других. Каждый из нас самостоятельно идет тем путем, который должен пройти лично он. И мы желаем знать, действительно ли правильно слышим голос Божий, поскольку то, к чему призывает нас Бог, кажется невозможным и очень далеким. Тогда Бог по Своей благодати дает нам подтверждение через других верующих.

Во-вторых, это послужило подтверждением призвания Павла для других верующих. Недостаточно того, что он сам знал о своем призвании. Церковь также должна была знать о его призвании для того, чтобы послать его и поддерживать его служение.

В-третьих, это событие подчеркивает взаимозависимость среди членов Тела Христова. Именно нашему взаимодействию друг с другом Бог придает огромное значение, постоянно подчеркивая, что мы не должны действовать односторонне, только сами по себе. Он хочет осознания, что все мы являемся членами Тела, и каждый из нас зависит от других членов. Никто из нас не должен действовать сам по себе, говоря: «Не имеет значения, что думают другие. Я знаю, что я прав». Такое отношение практически всегда является неправильным.

Следует обратить внимание еще на два важных момента:

Во-первых, подтверждение призвания Павла и Варнавы пришло через верующих, которые были зрелыми и проверенными. Это важно. Имеет большое значение то, через кого мы получаем подтверждение. Если это подтверждение приходит через человека, о верности, зрелости и честности которого нам известно, то оно имеет намного больший вес, чем подтверждение через того, кто нестабилен, является новообращенным или, возможно, ведет не очень благочестивую жизнь. Подтверждение через такого рода людей сравнительно немногого стоит. Но когда оно приходит через верующих, имеющих проверенный характер и зрелость, то это свидетельствует о многом.

Во-вторых, действительно духовный человек не идет вперед сам по себе, не считаясь с другими верующими. Я ценю это в характере Павла. Он знал, что Бог призвал его, но он не двинулся дальше говоря: «Ну, всё! – я знаю, что Бог призвал меня! Я пошел! До свиданья!» Он ожидал Бога вместе с другими верующими до тех пор, пока его призвание было подтверждено и обрело законную силу. После этого он пошел, имея их поддержку и молитвы. Поверьте мне, все мы нуждаемся в этом.

Важно также увидеть, что наша способность слышать Бога через других людей зависит от глубины наших взаимоотношений с ними. Другими словами, чем ближе наши взаимоотношения с другими, тем лучше мы можем слышать Божий голос и получать подтверждение через них. Правильные взаимоотношения имеют очень большое значение для способности слышать Бога.

Существуют три вида взаимоотношений, через которые нам следует ожидать слова от Бога, и которым Новый Завет придаёт особую важность, − я бы даже сказал, святость. Вот эти три вида взаимоотношений:

- между служителями и людьми, о которых они заботятся;
- между мужьями и женами;
- между родителями и детьми.

Давайте вкратце посмотрим на то, что говорит Писание о каждом из этих трех видов взаимоотношений. Евреям 13:7:

> *Поминайте наставников ваших, которые проповедывали вам слово Божие, и, взирая на кончину их жизни, подражайте вере их.*

Глагол «*поминайте*» говорит об уважительном отношении. «*Имейте уважение к своим лидерам, − они говорили вам Слово Божье*». Поэтому если Бог говорит вам лично, то должно быть очень важным для вас, чтобы ваши лидеры, которые наставляли вас в Слове Божьем, подтвердили правильность услышанного вами. Не утверждаю, что всё должно произойти именно так, но, в любом случае, мы должны стремиться быть в общении со зрелыми и проверенными верующими, через которых мы могли бы получить подтверждение истинности того, что принимаем. Лично я всегда стремлюсь жить по такому принципу.

Предположим, вы считаете, что услышал что-то от Бога, и являетесь членом собрания, которое имеет праведное лидерство и служителей, проповедующих истинное Слово Божье. Вы идете к своим пастырям, старейшинам и лидерам. Они молятся, ожидают ответа от Бога и дают вам такой ответ: «Мы не думаем, что это от Бога». Тогда, поверьте мне, вы подвергнете себя огромной опасности, если будете продолжать опираться на это свое «откровение», потому что, как правило, Бог подтверждает истинность того, что мы услышали, через наших лидеров.

Затем, второй тип взаимоотношений – между мужьями и женами. Ефесянам 5:22-24:

Жены, повинуйтесь своим мужьям, как Господу, потому что муж есть глава жены, как и Христос глава Церкви, и Он же Спаситель тела. Но как Церковь повинуется Христу, так и жены своим мужьям во всем.

Это еще один вид священных взаимоотношений. Бог в Своей безграничной мудрости сделал мужа главой жены, возложив на него ответственность заботиться о своей жене и ее духовном состоянии. Знаю, что многие мужья на самом деле не принимают этой ответственности. Тем не менее, Божий порядок для жены в том, чтобы подчинятся своему мужу. Очень опасно для замужней женщины провозглашать, что она слышала голос Божий и поступать согласно этому, когда ее муж не согласен и не дает своего подтверждения и благословения на это. Мне известно много примеров, когда женщины поступали так, и практически всегда результатом этого были духовные беды, потому что это противоречит Божьему порядку. Дух внутри женщины, который говорит: «Не имеет значения, что скажет мой муж, я буду делать это!» — это не то отношение, при котором можно услышать что-то от Бога. Люди с тяжелым, бунтарским отношением и люди постоянно бунтующие — такие люди не слышат ясно голос Божий.

Третий тип взаимоотношений подобен предыдущим и также является священным, это взаимоотношения между родителями и детьми. Ефесянам 6:1:

> *Дети, повинуйтесь своим родителям в Господе, ибо сего требует справедливость.*

Обратите внимание на примечание: «в Господе». Если родители требуют от своих детей, чтобы они делали что-то противоречащее христианской морали и Библии, то дети не обязаны делать этого. Но если это не так, то на детях лежит обязанность подчиняться своим родителям. Если Бог говорит что-то детям, то Он может говорить и родителям детей и побудить их принять то, что Он сказал их детям.

Таким образом, исходя из этих взаимоотношений, мы можем сказать следующее:

Во-первых, (позитивное) мы должны ожидать, что услышим подтверждение личному откровению через эти взаимоотношения.

Во-вторых, (негативное) мы должны быть крайне осторожны в принятии того, что (как мы думаем) Бог сказал нам, если это не подтверждается через эти взаимоотношения — если это «откровение» не учитывает и обходит стороной эти священные взаимоотношения.

В заключение, позвольте перечислить четыре способа, согласно которым мы должны искать подтверждения всякий раз, когда думаем, что слышим голос Божий:

Во-первых, **голос Божий согласуется с Писанием**. Мы знаем, что именно Дух Святой является автором Писания, и Он не противоречит Себе.

Во-вторых, будет **подтверждение обстоятельствами**. Так или иначе, события будут складываться так, что мы будем знать, что Бог стоит за этим.

В-третьих, мы нуждаемся в **мире Божьем в наших сердцах**. Божий мир судит, выносит решение, говорит: «Да, это правильно» или: «Нет, это неправильно».

В-четвертых, мы остаемся очень внимательными к **мнению других людей**, особенно тех, с кем мы связаны взаимоотношениями духовной власти в Господе.

Итак, вот неизменное требование Божье ко всем людям во все века, вот ключ ко всем обетованиям и благословениям Божьим, вот то, что проведет тебя через все испытания и выведет на прямой путь:

Слушайся гласа Моего, и Я буду твоим Богом!

ОГЛАВЛЕНИЕ

Дерек Принс
КАК СЛЫШАТЬ ГОЛОС БОЖИЙ

Подписано в печать 03.12.2010г. Формат 84x1081/32
Печать офсетная. Тираж 10 000 экз.
Заказ № 2888 (10173А)

Отпечатано в типографии "Принткорп",
ЛП № 02330/04941420от 03.04.02009.
Ул. Ф.Скорины 40, Минск, 220141. Беларусь.

www.ingramcontent.com/pod-product-compliance
Lightning Source LLC
Chambersburg PA
CBHW071836020426
42331CB00007B/1749